КИЇВ
у барвах осені

КИЇВ «МИСТЕЦТВО» 1991

KIEV *in Autumn Colours* КИЕВ

КИЇВ

ББК 26.89(2Ук—2)я6
К38

Осень... Пора зрелости, вдохновения, свадеб,
пора прозрачная и волшебная, дарующая творческий подъем
поэтам и художникам. В эту пору в киевских парках
и на склонах Днепра среди шуршащей опавшей листвы
гуляют не только влюбленные.
Среди художников, чье сердце неравнодушно к красоте,
есть также опытные корреспонденты, фотолюбители.
И так будет всегда, потому что в это время года древний Киев,
будто по велению волшебной палочки, меняет свое лицо.
Скверы и парки вспыхивают яркими оранжевыми
и темно-багряными красками. Улицы и площади, такие зеленые
еще вчера, надевают торжественный осенний наряд,
сквозь который просвечивает золото старинных куполов...
Украшенная рыжим монистом рябины, алым пламенем канн,
вошла киевская осень на страницы предлагаемого альбома.
И хотя Киев красив в любое время года, этот альбом
будет напоминать о пребывании в столице Украины
именно осенью.

Фотозйомка
Віталія Федоровича Кузовкова

Текст
Павла Івановича Позняка

В АЛЬБОМІ ВИКОРИСТАНІ РЯДКИ З ВІРШІВ

Олексія Булиги

Івана Гнатюка, Василя Грінчака, Євмена Доломана
Олеся Доріченка, Костя Дрока, Вадима Крищенка
Миколи Лиходіда, Романа Лубківського, Дмитра Луценка
Миколи Нагнибіди, Миколи Ночовного, Бориса Палійчука
Юрія Петренка, Максима Рильського, Василя Симоненка
Володимира Сосюри, Павла Тичини, Бориса Чіпа
Олекси Ющенка

К $\frac{4911010000—003}{М207(04)—91}$ 73—91

ISBN 5-7715-0317-7